JESTEM TWOJĄ OBSESJĄ

Moja przygoda na SEX kamerkach

Nadja

Projekt okładki: Nadja
Wydrukowano w Polsce
Wydanie pierwsze

ISBN 978-83-970320-2-6

Spis treści

Dla wszystkich którzy chcą, ale się boją.

Dla ofiar handlu ludźmi.

Dla niewolnic i niewolników seksualnych.

Pamiętajcie, możecie nie mieć wyboru, ale zachowajcie swoją tożsamość.

Jesteście jedyni i niepowtarzalni.

Każde piekło kiedyś zapłonie, a po nim przyjdzie czas wolności.

Waszej wolności.

Nadja

WSTĘP

Każdy kiedyś zaczynał.

Jestem Nadja. Nikt by się nie spodziewał, że zacznę pracować na kamerkach jako osoba dostarczająca sex rozrywki. Dlaczego? Bo jestem wykształcona, nawet ładna i całkiem mądra. Zacznijmy jednak od początku. Jak to się stało, że wylądowałam na stronie oferującej sex za darmo i to na żywo? Już opowiadam.

POCZĄTKI

Nie taki diabeł straszny, jak go malują.

Była sesja. Dużo nauki. Dużo wkuwania. Studia ścisłe nie należą do najprostszych. Co więc zrobić, aby się odstresować? Gry? Oj tak, budowanie ZOO to największa przyjemność tamtych czasów. Ale czegoś tu brakuje, może kontaktu z ludźmi? Nie jestem osobą, która lubi imprezować i ma tysiące znajomych na Facebook'u. Gdzie więc znaleźć osoby, z którymi można po prostu pogadać? Chat? Jakieś czaty jeszcze działają. Wyszukuję jeden, drugi... eh. Nudy. Czegoś brakuje tym rozmówcom. Może wygląd strony odstrasza? Nie to, nie to. Szukam dalej.

Omegle

Trafiłam na Omegle. Ciekawa strona, rozmawiasz z obcymi osobami z całego świata w dowolnym języku. Możesz widzieć ich na ekranie i udostępniać im swoją kamerkę. Próbuję pisać po niemiecku. W końcu co mi szkodzi? Trochę uczyłam się tego języka. Gadka szmatka i na koniec usłyszałam:

Twój niemiecki jest okropny. Nie jestem tu by poprawiać twoje błędy. Spadaj.

Tak oto zakończyła się moja krótka przygoda na międzynarodowym czacie.

ShowUp

No dobra. Ale ja nadal jestem samotna. Potrzebuję czegoś więcej. Wygadać się, ponarzekać, może zabawić. Trafiam na polską stronę Showup. Potwierdzam pełnoletność i bum. Zalewają mnie kamerki, na których widnieją gołe penisy, panie wtykające sobie różne rzeczy w kanał rodny, przebierańce... No nie. To trochę zbyt dużo na mnie. Wychodzę. Czekaj, czekaj. Ten przystojniak jest ubrany. Zobaczmy, o czym mówi. Może coś więcej uda mi się zobaczyć.

Wchodzę do wirtualnego pokoju przystojniaka. Widać mu tylko kawałek brody i ciało w czarnej koszulce. Hmm. Apetyczny. Uśmiech ma zabójczy. Rozmawia na czacie z jakąś dziewczyną. Nagle buch! Pojawia się komunikat:

Oglądasz 5 minut – zarejestruj się.

Eh... co zrobić. Chcę popisać z tym przystojniakiem. Rejestruję się. To jednak nie wystarcza. Muszę kupić żetony – wirtualną monetę – to dzięki niej system pozwoli mi popisać z przystojniakiem. Biorę najtańszy pakiet, bo w sumie ja chcę TYLKO z nim popisać. Nie zamierzam tu siedzieć w nieskończoność i robić nie wiadomo co.

Udało się. Napisałam. Przyśpieszony oddech, drżącc ręce. Jak na pierwszej randce z kimś, kto Ci się szalenie podoba. W głowie setki pytań. Czy odpisze? Czy mu się spodobam? Jaki on jest? Co lubi? Hola, hola... Nie za daleko te myśli idą? Przecież on tu jest... No właśnie po co? Dla rozrywki czy aby ZAROBIĆ?

Popisaliśmy chwilę. Komplementów w jego stronę nie brakowało. Ładny uśmiech, piękne zęby, ładne ciało... ach. W końcu zniknął z kamerki. A ja zostałam z moją zauroczoną głową. Co więc robić dalej? Może sama zacznę nadawać i poczekam, aż ON do mnie przyjdzie? Tak właśnie zaczyna się moja SU przygoda.

Założenie konta

Konto na Showup założone. Czas na opis. Hmm... Sam wybór nicku już jest szalenie ważny a co dopiero opis? Ile cm w biuście? Ile wzrostu? Kolor oczu? Kolor włosów? Nie, nie, coś muszę wpisać. Uzupełnię zgodnie z prawdą, bo co mi zależy. Nick mam prosty, w sumie to moje imię. Nie miałam siły do wymyślania innego. Z resztą, na co mi skomplikowany nick typu „WalMnieWdupę45", albo „ParaLubiSiurki69". Dla mnie to zbyt określone. Zbyt przerażające, a zarazem ograniczające.

No dobra. Profil uzupełniony. Zdjęcia nie dodaję, bo i po co. Będą widzieć mnie na kamerce. Czas start na pierwszą transmisję. Pytanie, jak się ubrać? Co pokazać? Jaki kadr? Czy z daleka? Czy z bliska? Odpalam. Na ekranie widzę dziewczynę w brązowej, obcisłej koszulce z mocno zaznaczonym dekoltem. Nie widać twarzy, jedynie szyję. Może trochę usta. Serce wali jak ociężałe. W końcu ONI mnie widzą. Ja ich nie. Mogą pisać, co chcą. Ubliżać mi, śmiać się z moich rąk. OCENIAĆ.

Początek nadawania

Początek jak początek. Bywa trudny, ale ludzie mogą sprawić, że będzie lżej. Prościej. Przyjemniej. Wpada kilku gości, piszemy na czacie ogólnym. Gadka szmatka, Pytają gdzie privy? Co to priv? Co się na nim robi? Jak się go ustawia? Ok. Ogarnęłam. Ustawiam jakiś priv o tytule:

5 minut rozmowy za 20 żet.

Na priva zaprasza mnie pierwszy koleś. Akceptuję zaproszenie. Czas start. Wchodzimy do wirtualnego pokoju, gdzie tylko ON mnie widzi i tylko JA mogę zobaczyć jego. O ile w ustawieniach priva zezwolę na obraz oglądającego i o ile on włączy swoją kamerkę. Ok. Ten priv skończył się na miłej pogawędce.

Ile masz lat? Skąd jesteś? Jak masz na imię? Co lubisz robić?

– pytał. Czas się skończył, klikam:

Powrót do transmisji ogólnej.

Znów jestem na swojej transmisji.

Każdy człowiek jest inny. Każdy priv jest inny.

Czekałam na przystojniaka. On jednak nigdy więcej się nie pojawił. Pojawili się za to różni ludzie, z czego każdy z nich chciał czegoś innego ode mnie. Privy się rozkręciły. Posypały się napiwki. Mówili:

Nie rozbierasz się, więc Ci rzucę.

Kilka osób zaprzyjaźniło się ze mną, a ja wchodząc na portal tylko czekałam, aż ONI się pojawią. Oni zapewne czekali na mnie. Byłam ich gwiazdką a oni moimi obrońcami przed stadem napaleńców, którzy jedyne czego chcieli to „**rozbierz się, wypnij pupę, pokaż cycki**".

SPOTKANIA W REALU

Czy można spotkać się z kimś poznanym na portalu oferującym sex?

Na SU poznałam Marka. Straszy student, z którym lubiliśmy się pobawić razem na transmisji prywatnej (Privie). Doszło nawet do spotkania w realu. W prezencie od niego dostałam WIBRATOR. No cóż, jaka strona takie zabawki.

Spotkałam się jeszcze z jednym Panem. Mieliśmy umówić się w hotelu, ale wyszło tak, że wylądowaliśmy w lesie nieopodal mojego domu. Pozwoliłam mu po dotykać swoich piersi, bo na to byliśmy umówieni. Na do widzenia wręczył mi 400 zł. Z jakiegoś względu nie chciałam ich przyjąć, ale koniec końców zabrałam. Tak oto zarobiłam swój pierwszy tysiąc na SU.

POWRÓT PO LATACH

Wracasz do miejsca, które jest Ci znane.

Mija kilka lat. Zapomniałam o SU. Wiodę szczęśliwe życie, tu koniec studiów, pierwszy staż, pierwsze prace. Zalatana, zabiegana, zakochana. Kończę studia, trafiam do korpo. Odnajduję się tam jak mało kto. Górnolotne cele, wiara w firmę, pierwsze duże zarobki. Jednak korpo wysysa ze mnie życie. Po pracy wracam do mieszkania, gdzie padam na twarz i budzę się dopiero na kolację. Nie, to nie tak ma wyglądać. Moje życie to praca.

Mieszkam w dużym mieście, a jedyne co widzę to sklep osiedlowy i open space. Za dużo mnie to kosztuje. Obiecują mi podwyżkę, do której nigdy nie dochodzi. A co mi tam. Idę na wychowawczy. Niech partner zarabia. Ale partner nie zarabia. Co teraz? Wrócić do korpo? Szukać innej pracy? A może rozkręcić swoją firmę? Szkolenia, webinary, pierwsze próby w projektowaniu książek, sprzedaż na Amazonie. Eh wszystko fajnie, ale kasa się nie zgadza. A czasu brakuje. Powiecie „niech partner zarabia więcej, a i Ty znajdź lepszą pracę". Może to i dobra rada. Ja jednak chcę czegoś więcej od życia. Pracy, która da mi satysfakcję i dobre pieniądze. Która da mi nowe doświadczenia i możliwości. Szukam, próbuję, aż w końcu przypomina mi się SU. Hmm, tam też można zarobić. Loguję się na swój stary nick. O kurczę. Działa. Strona wygląda tak samo, pozmieniały się jedynie niektóre funkcje. Jakie? O tym w następnym rozdziale.

ZMIANY NA SHOWUP

Wejdę, zobaczę, może coś zarobię – pomyślałam.

Odpalam transmisję. Moje ciało trochę się zmieniło. Minęło kilka ładnych lat. Nie mam kamerki, a ta z laptopa ma fatalną jakość, ale daje radę. Udaje mi się zarobić pierwsze pieniądze. Chcę wypłacić a tu zonk.

Minimalna wypłata od 10 000 żetonów

Aby wypłacić pieniądze musisz uzbierać 10 000 żetonów, czyli 1000 zł. To nie wszystko. Musisz wysłać im swój dowód ze zdjęciem, a następnie pokazać twarz do kamery, gdzie administrator potwierdzi, że Ty to Ty. Straszne. Kiedyś Wypłacałeś pieniądze prosto na konto i nikt o nic nie pytał. Dziś niby takie zabezpieczenia ze względu na pranie brudnych pieniędzy i handel ludźmi. Czy na pewno? W momencie, gdy pokazywałam twarz do kamerki, czułam się obdarta z prywatności. Nie pokazuję twarzy na SU, bo bywa to niebezpieczne i nieprzyjemne. Tu nie miałam wyboru.

Nowy system wypłat

To nie koniec. Pieniądze są przelewane na zagraniczny portal PayReedem, gdzie musisz założyć konto i poprosić o link to wpłat/wypłat. Uwierzytelnienie tego konta również jest nieco problematyczne i pracochłonne. Oczywiście zdjęcie dowodu, potwierdzenie z banku o miejscu twojego zameldowania, czy potwierdzenie numeru konta.

Pierwsza wypłata

Zlecam swoją pierwszą wypłatę żetonów. 24500 zamienia się w 2450 zł. Pieniądze po kilku dniach są na zagranicznym portalu. Mogę je wydać w sklepach akceptujący ten system płatności albo też wysłać na swoje konto. Nie wiem, co zrobię, nie wiem, na co je przeznaczę. Niech tam czekają.

KOGO MOŻNA SPOTKAĆ NA SU?

Można się zdziwić.

Na SU można spotkać przeróżne kobiety, mężczyzn, pary, a nawet płcie trzecie. Jedni emanują nagością i proponują cudowną rozkosz. Inni wkładają sobie w otwory najróżniejsze rzeczy. We wszystkie możliwe otwory. Zapałka w penisie? To nic odkrywczego.

Najczęściej spotykane są półnagie dziewczyny, które oferują możliwość klapsów na gołą pupę wypiętą do kamery. Mają one swoje Menu. Np. 10 zet – palec w buzie. 20 zet – klaps. 30 – zet masaż piersi. 80 – zet penetracja. To wszystko można zobaczyć na transmisji ogólnej. Ludzie dający napiwek sami wybierają, co chcą zobaczyć. Dla tych, którzy chcą czegoś więcej, proponowane są transmisje prywatne (privy), ewentualnie transmisje grupowe. Na privach jesteście we dwoje. Na grupowej jeden transmitujący i wszyscy, którzy wykupili dostęp do transmisji (za odpowiednią ilość żetonów).

Transmisje odbywają się non stop. Przez całą dobę. To znaczy, że jest ich całkiem sporo. Średnio od 80 do 130 transmitujących. Liczba odwiedzających również się zmienia. Może to być 3 tysiące a może i nawet 8 tysięcy.

Warto zaznaczyć, że choć kamerek Panów jest więcej, to mają z reguły o wiele mniejszy ruch, niż jest widziany na kamerkach u Pań. Można to łatwo zauważyć, ponieważ transmisje ogólne są dzielone na damskie i męskie. Liczba osób odwiedzających u Pań to przedział średnio od kilkunastu do kilkudziesięciu osób, a czasem nawet i kilkaset. Tak u Panów nierzadko jest to jedna osoba (czyli oni sami). Panowie mają to do siebie, że pierwsze co to prezentują swoje nagie przyrodzenie, co może odstraszać kobiety. Ubrani panowie z pewnością przyciągają więcej oglądających.

Kobiety dzielą się na te półnagie, nagie i ubrane. Półnagie kuszą, nagie jadą ostro z zabawą, a ubrane kokietują, bądź zabawiają uśmiechem. Spotykane są też pary, które najczęściej uprawiają wszelkiego rodzaju seks.

Transmitujący prowadzą swoje transmisje z różnych przyczyn. Niektórzy pragną tylko dorobić, inni się zabawić a jeszcze inni lubią być podglądani. Prowadzący transmisje dzielą się na tych dziennych i nocnych. Każdy nadaje, kiedy ma czas albo kiedy ma ochotę. Odwiedzający również wchodzą tam, wtedy gdy mają ochotę na przyjemność lub gdy są tak uzależnieni, że cały dzień myślą o tym, aby zobaczyć swoją ulubioną gwiazdę.

TRANSMISJE PRYWATNE

Tak zwane Privy.

Siedziałam i dumałam. Na SU wchodziłam wieczorami, a raczej już w nocy. Wtedy miałam chwilę dla siebie. Mogłam się wyżyć, rozerwać, wygadać. Kręgosłup po każdej takiej nocy odmawiał posłuszeństwa i marzył tylko o wygodnym łóżku. Ileż można siedzieć przed laptopem z wykrzywioną buzią tak, aby prezentowała się ładnie, nie było widać drugiego podbródka, a jednocześnie pokazać onieśmielający uśmiech? Nie było to łatwe zadanie. I jak tu wszystkich zadowolić?

PANOWIE

O ludziach, których polubiłam.

Opowiem Wam o ludziach, którzy mnie odwiedzali i z którymi miałam „jakąś" więź. Może i były to przypadkowe znajomości, ale potrafiły przejść próbę czasu. Ja przyciągałam ich jak magnes, oni dawali mi poczucie własnej wartości, poczucie piękna i spełnienia. W tym miejscu pragnę im podziękować, że stanęli na mojej drodze i usłali ją różami. Choć niektóre z nich miały ostre kolce, to i tak były piękne.

Blondyn

Tej nocy spacerowałam po męskich kamerkach i bach. Weszłam na Blondyna. Wyglądał jak Viking. Wysoki, wysportowany, umięśniony blondyn z zarostem. No i bach.

Gadka szmatka. Siedział, szukając przygody. Napisałam na jego czacie: „Ładna kanapa". No i się zaczęło. Nieoczywisty podryw z mojej strony. Zainteresowany moją osobą wszedł na moją transmisję. Wiedział, jak wyglądam, ja wiedziałam, jak on wygląda. Trochę pogadaliśmy i porwał mnie na priva.

Ach nigdy więcej takich kolesi. Nie zadawaj się z kimś, do kogo mogłabyś zapałać żywym uczuciem w realu. Ten portal nie jest tego wart. Potem będziesz myśleć o nim. Cierpieć. Namiesza Ci w głowie. Pamiętaj. On się tylko bawił. Ty też powinnaś się tylko bawić.

– pomyślałam.

Biznesmen

Jego wiadomości prywatne były lekko dziwne. Jakby nastolatek naśmiewał się ze mnie. Myślałam:

Może chce mnie nagrać i potem to gdzieś wrzucić?

Zgodziłam się jednak na priva. Niewielkie rzeczy sprawiały mu przyjemność. Sama moja osoba wzbudzała w nim pożądanie. Wracał do mnie kilkukrotnie. Zawsze był hojny i zabiegany. Jego privy należały do jednych z najdroższych, ale sam proponował takie wynagrodzenie.

Dzięki niemu uwierzyłam, że mogę komuś tutaj naprawdę się spodobać, kogoś zadowolić samą rozmową, a zarazem dobrze zarobić.

Pan Orzeszek

Ta znajomość była dla mnie niemałym zaskoczeniem. Pierwszy priv. On nagi na łóżku. Delikatnie się masuje. Ja zawstydzona uśmiecham się i wyjaśniam moją reakcję. Wpadamy w śmiech. Zaczynamy rozmawiać na różne tematy. Żegnamy się mile. Ja zapamiętam jego, on zapamięta mnie.

Pisze do mnie wiadomości prywatne. Rozmawiamy, poznajemy się. Wchodzimy do swojego życia. On Cię chce. On Cię pragnie. On wziąłby Cię za żonę. A Ty? Co możesz mu zaproponować? Przyjaźń. Swój czas. Swój uśmiech. Nic więcej.

Miroslav

Siedziałam na transmisji ogólnej. Miroslav włączył się do rozmowy na czacie. Na początku myślałam, że mnie atakuje. Nie rozumiałam do końca jego żartów i przytyków. W końcu nigdy nie wiesz, jakie dana osoba ma intencje wobec Ciebie. Co chce osiągnąć? Czy tylko rozebrać? Czy wyśmiać? Czy pogardzić Tobą? Czy rozpalić Twoje zmysły? Czy się zabawić i zapomnieć? Czy dokuczyć innym?

Miroslav rozpoczął czat prywatny. Tam z lekka udało mi się odczytać jego zamiary. Zrozumieć go. Zaliczyliśmy też pirvy. Zdarzało się, że chciał mnie mieć na koniec dnia (nocy) tylko dla siebie, więc wykupował ostatni priv. Pirv ten oczywiście zostawał na maksa przedłużony. Jeśli rozmowa się klei, a Ty nie masz parcia na kasę, to nic nie stoi na przeszkodzie, aby gadać i gadać.

Ja poznałam inteligentnego faceta, który dobrze zarabia – co mi imponowało. On poznał dziewczynę, która „tu nie pasuje". Wdepnęliśmy z impetem w swoje życia. Udało mu się mnie odnaleźć poza portalem. Tam też się trochę kontaktowaliśmy. Rozmawialiśmy dosłownie o wszystkim. Jak starzy przyjaciele lub jak doświadczone przez los małżeństwo. Musiałam jednak zakończyć tę znajomość, bo robiła się zbyt niebezpieczna. Niewiele brakowało, abyśmy spotkali się w realu i wywrócili swoje życia do góry nogami. On nie miał nic do stracenia. Ja miałam zbyt dużo. Gdybyśmy poznali się w innych okolicznościach – kto wie – bylibyśmy albo przyjaciółmi, albo parą. Powiecie – lecisz na kasę. Ja powiem – podoba mi się inteligencja. To, jak kierujesz swoim życiem i osiągasz sukces. To, że masz pieniądze, bo znalazłeś sposób, aby je zarobić. To, że się nie boisz i idziesz do przodu.

Pan Skarguś

Nigdy nie napisał nic na czacie ogólnym. Kontaktowaliśmy się jedynie setkami wiadomości prywatnych. Jak dobrzy znajomi, którzy się siebie nie wstydzą i lubią delikatnie pobroić. Nasze rozmowy były niewinne, ale i z lekkim pazurem.

Pan Skarguś lubił odpalać ukrytą transmisję. Siadał przed kamerką, odpalał transmisję, ale dopóki nie zrobił zdjęcia, aby ją opublikować, to dotąd mogliśmy być na niej sami. Nasze rozmowy nie były długie, bo często miałam młyn na swojej transmisji ogólnej, a do tego wiadomości prywatne. No cóż, Nikt nie lubi czekać, aż mu się łaskawie odpisze.

Pan Skarguś miał jedną rzecz, którą uwielbiał robić. Może kiedyś się nią z wami podzielę. Dziś jednak mogę powiedzieć tylko tyle, że ja uwielbiałam go w czarnej koszuli. Ubranego, uśmiechniętego, palącego elektrycznego papierosa.

Dj

Ten chłopak wzbudził we mnie ciekawość. Nie wstydził się siebie i tego, co robi. I żebyście nie myśleli – nie rozbierał się bardziej niż zdjęcie koszulki w upały. Prowadził transmisje, na których czarował nas muzyką i efektami świetlnymi. Czasami trudno mi było go zrozumieć, bo wlewał w siebie piwo tonami. Chwalił się:

Zaraz będę pił 8 piwko.

Nie pochwalałam tego i dobrze o tym wiedział. Nasza znajomość zaczęła się od tego, że zapytałam:

Jak to robisz, że masz słuchawki a mimo to, ja słyszę
u siebie muzykę?

Nauczył mnie tego triku. Teraz i ja miałam coś, czego inni nie rozumieli, choć pewnie mało kto zadaje sobie pytanie:

Jak to jest zrobione?

Od tej chwili miałam dwie rzeczy, które wyróżniały mnie z tłumu rozebranych dziewczyn. Szlafrok i muzykę. No i może uśmiech.

Model

Miał piękne zęby, ładny uśmiech i szalenie machał językiem. Widzieliśmy się kilka razy na privach. Czasem też popisaliśmy na czacie ogólnym. Miły, szczery chłopak. Adorator ładnych kobiet i naturalnych piersi. Muzyk. Lubiłam słuchać o jego przygodach miłosnych.

Pan wojskowy

Gdy dowiedziałam się, że jest żołnierzem, jakoś chętniej chciałam mu dać więcej niż innym. Chyba podoba mi się mundur. Jego zdjęcie mnie oczarowało. Wysoki, przystojny chłopak. Przychodził, bo pragnął kobiety. Chciał się zabawić. Zauroczył się. Miał nadzieję na więcej. Pierwszy priv był nieco zbyt bezpośredni.

Połóż się na łóżku i rozłóż nogi do kamery.

– poprosił.

I co jeszcze?

– zapytałam śmiejąc się pobłażliwie.

Nie ze mną takie akcje. Więcej już nie próbował mnie wypinać, wyginać czy rozkładać.

Inni, mniej lubiani

O ludziach, którzy zaszli mi za skórę.

Nie zawsze jest tak, że odwiedzające Cię osoby są miłe. Zdarza się i to nawet często, że „typy" przychodzą Cię obrażać, wyzywać, gnoić. Są też tacy, którym zależy na własnym Ego lub najbardziej obrzydliwym zaspokojeniu swoich żądz kosztem innych. Przytoczę kilka „istot", z którymi niewątpliwie miałam nieprzyjemność obcować (w sensie pisać, żeby nie było niedopowiedzeń).

Hejter

Zaczęło się niby niewinnie. Odpierałam jego ataki. Myślałam, dam radę, nie dam mu się. Mam pyskatą gębę to sobie poradzę.

Jesteś wyjątkowa jak skocznia mamucia. Masz bicepsy większe ode mnie. Drugi podbródek. Tłusta świnia.

– szydził.

Takimi zdaniami mnie zasypywał. Śmiałam się i dogryzałam jemu albo też obracałam kota ogonem. Niech wiedzą, że mam dystans do siebie. Inni mówili:

Dla takich jak on są bany. Wywal go, zablokuj tego idiotę.

Nie zrobiłam tego. Tamtej nocy prawie się popłakałam przed kamerą. Moje ciało wiele mówiło, inni to widzieli. Widzieli, że zaraz będzie potok łez. Ileż można dogryzać dziewczynie, która pokazuje się światu bez żadnej tarczy obronnej? Pyk. Zaproszenie na priva. Miroslav zareagował. Wyrwał mnie z tej udręki. Pocieszył.

Poprawił humor. Pozwolił zapomnieć, że są na świecie ludzie, którzy chcą cię tylko zgnoić i podeptać. Uratował mnie przed zwyrodnialcem.

Ta sytuacja sprawiła, że poczułam z Miroslavem głębszą więź. Był moim obrońcą. I choć nie prosił, sama czułam, że mogę zaoferować mu więcej. To była jak spłata długu. Odwdzięczenie się.

Pan Opadł mi

Zdecydowana większość moich transmisji prywatnych była „przyjemna". To znaczy, żc traktowaliśmy się z szacunkiem. Do niczego nie zmuszaliśmy a wszystko lub też zdecydowana większość rzeczy, która się tam działa była za obopólną zgodą. Niestety zdarzył się też jeden bardzo nieprzyjemny priv.

Pokaż, co potrafisz.

– powiedział.

Postanowiłam pokusić. Zaproponować to co innym bardzo się podobało. Co usłyszałam?

Ha ha, już mi opadł. Jesteś stara i brzydka.

– skomentował.

To był pierwszy i ostatni taki priv. Zmusiłam się w nim do rzeczy, które nie sprawiały mi przyjemności, których żałuję tylko dlatego, że zostały w negatywny sposób odebrane. On na to nie zasługiwał. On się tym nie cieszył. Nie miałam przyjemności z tego, że sprawiam przyjemność jemu. To wszystko było takie wymuszone. Nie. Nigdy więcej takich privów – z przymusu. W miłym towarzystwie łatwo przekroczyć granicę, o której nawet nie myślisz. W złym towarzystwie, jeśli czujesz, że przekroczysz granicę, to długo to pamiętasz.

Pan Anal

Jego wiadomości prywatne zawsze tyczyły się tyłka. Rozdziewiczyć, masować, wypiąć czy włożyć paluszka.

O nie mój drogi, ja takich rzeczy nie robię.

– odpowiadałam.

Długo próbował i namawiał, ale w końcu zrozumiał, że nawet tysiącem monet mnie nie przekona. Są rzeczy, których nigdy nie pokażę, nie zrobię, bo i po co? Panowie znajdą to na innych kamerkach. Po co mam przekraczać swoje granice? Dla kasy? Nie warto. Kasa się rozejdzie, a niesmak pozostanie.

Ogier22

Wpadał do mnie często i zwykle z tymi samymi tekstami. Pozwólcie, że je przytoczę:

*Ale bym ci wszedł. Ale bym cię wysmarował. Ale bym
na tobie siadł. Spuściłbym się w tobie.*

W końcu zapytałam znudzona jego pytaniami:

*Jeszcze nie znalazłeś klaczy do pokrycia? W złej
stajni chyba szukałeś.*

Ha ha, posypały się komentarze innych użytkowników. Brawa za cięte riposty.

Ogierek to chyba scenariusze do filmów pisze.

– mówili.

Takich jak on było więcej. Wpadali na transmisję ogólną, byle tylko znaleźć laskę do ujeżdżania. Nie ze mną te numery. Nick Rozkosznykutas chyba mówi sam za siebie.

Fetyszysta dłoni

To przypadek Pana, który ubóstwiał kobiece dłonie. Lekko pulchne, miękkie. Wewnętrzna strona była jak orgazm dla jego oczu. Zdarzyło się nawet, że mi powróżył:

Będziesz żyła 88 lat, do 40 w biedzie. Dzieci nie urodzisz.

Brzmi realistycznie, ale niestety to gówno prawda. Zarówno, z tym że był to jego fetysz, jak i z tym że umiał wróżyć. W końcu przyznał się, że był to jego sposób „na podryw".

MisSiego

Wpadł na czat ogólny i wtrącał trzy po trzy do grupowej konwersacji. Akurat rozmawialiśmy o instalowaniu systemu komputerowego. (Tak takie konwersacje też się zdarzają). Wczuł się w rolę, a raczej dopasował swoje żądze do panującego nastroju.

Tak mi stoi, że się prosi.

Znalazłam złoty środek na jego problem, mówiąc:

To wsadź go do lodówki i zatrzaśnij.

A on dalej:

Mam ochotę na Ciebie ślicznotko.

Piszę oschle:

Przyjęłam do wiadomości.

On nie daje za wygraną:

Będzie mi miło, jak tylko plemniki dotrą :)

Nadszedł czas na ostateczną ripostę:

Skąd wiesz, że masz plemniki? Może to jogurt bez laktozy?

Wytrwały. Nie poddaje się i mówi:

Oj mam. Otwórz buzię i zaczynam instalować. Powiedz Aaaa.

Wymiękam. Oddaję się głównemu tematowi dzisiejszej transmisji, czyli co zrobić, gdy Windows nas zawodzi. Jego wiadomości umykają w gąszczy zaciętej konwersacji.

Obruzek

Rozbawił mnie tym, że chciał utargować minutę priva. Zapytał:

Privek 4 min za 50ż? ;)

Zapytałam, czy:

Chcesz utargować minutę?

Ktoś mu dogryzł, że:

Nie oszczędza się na jej uśmiechu.

W jaki sposób jego osoba mogła mnie zdenerwować? Ano już tłumaczę. Ustawiasz privy, ustalasz cenę i czas. Jeśli ustawisz 3 minuty za 50 zet, a ktoś przychodzi z pytaniem 4 minuty za 50 zet, to czyż to nie jest denerwujące? Z jednej strony to tylko pytanie i warto je zadać przed wyborem pirva, ale czasami takie negocjowanie jest uwłaczające.

PIKANTNA HISTORIA

A teraz opowiem Wam historie. Uważajcie, bo będzie to namiętna i pełna erotyzmu opowieść.

Piękna, czarnowłosa postać. Włosy delikatnie dotykają jej nagich obojczyków. Jej paluszki zwinnie pracują. Gładzą włosy, kręcą loczki. Co jakiś czas lądują w buzi, a później zjeżdżają powoli po nagim ciele do strefy intymnej rozkoszy. Sutki nabrzmiewają. Na policzkach maluje się rumieniec. Usta lekko rozwarte, gładzone przez wilgotny język. Sięga po zabawkę. Wibrującą zabawkę. Wypięta pupa i cyk. Ucałowana zabawka wjeżdża z lekkim oporem w środek zakazanej strefy. I zaczyna się...

Tak może to wyglądać na takim portalu. Może i często tak wygląda. Wiem jednak na pewno, że nie musi to tak wyglądać. I nie. Nie jest to moja historia. Ja należę do kokietek. Uśmiecham się zalotnie. Szczerze. Nie muszę się rozbierać, aby zdobyć grono widzów, którzy są w stanie spędzić miło ze mną czas. Na swój sposób. Oni doceniają to, co widzą i to, kim jestem. Oczywiście niewielu jest takich, którzy naprawdę „nie chcą nic więcej, niż rozmowa". Ale są. Zapamiętują mnie i wracają. Czekają. Piszą, wiadomości prywatne. Chcą ze mną być choćby przez krótką chwilę. Może wydawać się Wam, że takie zauroczenie nie jest możliwe, ale ja Wam powiem. Jest. To się zdarza.

Ten portal potrafi zbliżyć do siebie ludzi. Na swój unikatowy a czasem może i bezprecedensowy sposób. Trzeba pamiętać tylko o jednym. Jeśli odsłonisz wszystkie karty, oni już nie wrócą. Wezmą, co dostaną, zadowolą się i odejdą. Musisz dawkować im przyjemność po troszeczku i z pomysłem. Tak, by chcieli więcej i więcej. Tak, by się nie znudzili. Tak, by zapamiętali i myśleli o Tobie. Nie masz być gwiazdą jednej nocy. Masz być ich obsesją.

ILE MOŻNA ZAROBIĆ NA SU?

Kokosy dla Pań i figi dla Panów.

Temat zarobków w każdej dziedzinie jest tematem tabu i zależy od wielu czynników. Jak się nietrudno domyśleć Panowie nie zarabiają bądź zarabiają marnie. Panie natomiast mogą zarobić od kilku złotych nawet do kilku tysięcy za godzinę. Wszystko zależy od pory nadawania, ilości odwiedzających, zaangażowania transmitującego i jego kreatywności. Zmiennych oczywiście jest o wiele więcej. Przeglądając fora internetowe, natrafiłam na wpis, gdzie dziewczyna mówiła, że robiła różne rzeczy na priv bez pokazywania twarzy i zarabiała kilka tysięcy miesięcznie, spędzając tam 3-4 godziny dziennie. W momencie pokazania twarzy zarobki pozostały bez zmian. Dla osób, które boją się pokazywać twarz na SU, bo boją się rozpoznania przez sąsiadów jest to dobra wiadomość.

Niemniej, jednak gdy widzisz dziewczynę, która nie pokazuje twarzy, to z chęcią wejdziesz na priv, gdy będzie jej buzia. Czyż nie? Jeśli dziewczyna jest ubrana, to z chęcią ją rozbierzesz? Czyż nie? Gdy dziewczyna leży z rozłożonymi nogami, naga. To czy wejdziesz na priv? Jedni wejdą, bo będą chcieli mieć spektakl tylko dla siebie, a oni stwierdzą, że już tak dużo pokazała, że „po co?". Po co płacić za coś, co ma się za darmo?

Z moich obserwacji wynika, że kilkuminutowy priv u gwiazdy może kosztować od 100 do nawet 1000 żet. Jeśli ma chętnych, to w ciągu godziny może wyciągnąć z samych privów od 2 do 5 tysięcy żet, co przekłada się na kwoty od 200 do 500 zł a nawet i więcej. A trzeba jeszcze doliczyć napiwki i wiadomości prywatne. Za każdą wiadomość prywatną, którą otrzyma osoba zaproszona do rozmowy, otrzymuje się 5 żet. Tzn., że jeśli ktoś napisze do mnie wiadomość prywatną, to otrzymam za nią 5 żet. Ja natomiast za wysyłanie wiadomości do tej osoby nie zapłacę. Każda kolejna wiadomość od tej osoby powiększa moje konto o kolejne 5 żet. Natomiast gdy ja zdecyduję się na wysłanie do kogoś wiadomości prywatnej, to z mojego konta zostaną pobrane żetony. Z tego, co pamiętam, to kilka lat temu wymiana wiadomości przypominała granie w pingponga. On mi 5 żet, ja mu 5 żet. I można było pisać w nieskończoność. Teraz natomiast Twoich zadaniem jest utrzymać zaciekawienie piszącego, tak aby on wysłał, jak największą ilość wiadomości i tak, aby musiał doładować konto, jak najszybciej. Portal też chce zarobić.

Mogę powiedzieć, że z samych wiadomości miałam niezłą sumkę. Do tego kilkanaście skromnych napiwków i kwota już była zachęcająca. Natomiast i tak 70% zarobków pochodziła jednak z privów.

Śmiało mogę powiedzieć, że kwota 10 tysięcy złotych miesięcznie jest realna dla niebrzydkiej dziewczyny. O ile ma pomysł na siebie, przykuwa uwagę i daje Panom i Paniom, a czasem i parom, to czego potrzebują. Gwiazdy SU zapewne mogą śmiało podwoić tę kwotę.

Inne portale

Zastanawiacie się zapewne, czy próbowałam swoich sił na innych sex portalach? Odpowiem: „No pewnie, że tak". W momencie, gdy zdałam sobie sprawę, że mogę zarabiać, siedząc i uśmiechając się zalotnie, postanowiłam zrobić rozeznanie wśród innych tym podobnych platform.

Zdziwicie się, ile tego jest. W Polsce nr jeden jest Showup i szczerze powiedziawszy innych portali typowo polskich, nie znalazłam. Świat za to jest ogromy. Najbardziej popularnym serwisem jest Chaturbate. Tam właśnie postanowiłam się zarejestrować.

Sama rejestracja nie obyła się bez skanu dowodu osobistego. Po przejściach z SU było mi już wszystko jedno, gdzie trafią moje dane. Założyłam konto i zaczęłam prowadzić transmisję. Nie było łatwo. Ogrom funkcji potrafi przytłoczyć. Czat wygląda zupełnie inaczej. Pokazy prywatne odbywają się na innych zasadach – płacisz za każdą minutę ustaloną przez Ciebie ilość tokenów. Tzn. oglądający kupuje pokaz, gdzie każda minuta kosztuje go np. 20 tokenów. Niestety dla mnie było to trochę zbyt skomplikowane. Mam na myśli przeliczenie czy opłaca mi się bardziej pracować tam, czy na SU. Te przykładowe 20 tokenów to 1 dolar amerykański, co obecnie można przeliczyć na 4,30 zł. Teraz łatwo policzyć, że na tym zagranicznym portalu, za 10-minutowy priv zgarnęłabym ok. 43 zł. Czy się to opłaca? I tak i nie. Na SU za 5-minutowy priv kasowałam co najmniej po 200/300 żetonów, czyli 20/30 zł. A zdarzało się, że miałam privy 20-minutowe za 2000 żetonów, czyli za 20 minut zarobiłam 200 zł. Ile musiałaby kosztować minuta priva na zagranicznym portalu, żeby było to dla mnie opłacalne?

Przeliczanie tokenów na dolary, a następnie na złotówki to jeden problem. Kolejny to ogrom tego portalu. Posiada kilkadziesiąt razy więcej transmitujących niż SU. Większe zasięgi, ale też panuje większa konkurencja. Na jednej stronie jest ok. 90 kamerek na żywo. Stron jest ponad 100. Doliczymy się średnio ponad 9000 transmitujących z całego świata i to tylko w zakładce „wyróżniony”. Pozostają zakładki „kobiety”; „mężczyźni”; „pary”; „trans”. Dla porównania Showup ma tylko dwie zakładki: „kobiety" i „mężczyźni". Chaturbate niestety nie podaje, jaka jest łączna liczba oglądających (tak jak to ma w przypadku SU). Statystyki są jedynie podane, dla konkretnych transmisji. Przyjmijmy, że średnio na jedną kamerkę przypada 100 odwiedzających. Daje nam to ok. 90 000 oglądających. Średnia ta oczywiście się zmienia. Przyznajmy też, że jest wiele kamerek, które ogląda w danej chwili kilka tysięcy osób, jak i tych, które mają po kilka odwiedzających. Na SU średnia to ok. 5 000 oglądających na całej stronie. Można zauważyć jaki nasz rodzimy portal jest maleńki w porównaniu do kolosa z USA.

Może na Chaturbate miałabym większe zarobki? Więcej oglądających to większe szanse, choć liczba transmitujących lekko przeraża. Zrobiłam tam jedną transmisję i nie planuje tam wrócić. Wolę naszych polskich chłopców. Tak po prostu. Wolę nasze SU. Jeśli komuś przyszłoby do głowy, że nie chce tam pracować, bo nie znam języka, to go wyśmieję. Lata pracy w obcych językach robią swoje.

PYTANIA, KTÓRE OMIJAŁAM

Ile masz lat? Skąd jesteś? Jaki masz rozmiar biustu? Czy masz partnera? Ile masz wzrostu?

Po co ci mój wiek? Ta liczba nie zmieni, że nagle będę młodsza, lub starsza. Pytasz o to, bo chcesz wiedzieć, czy jestem doświadczona? Bo, chcesz zacząć rozmowę? Bo nie wiesz, co napisać?

Jestem z województwa Posejdona. Nic więcej nie musisz wiedzieć. To i tak dużo. Gorzej, jeśli odpowiesz, że jesteś z województwa gryfa i każesz mi myśleć. I weź tu zgaduj, które to. Posejdon jest jeden i znany na całą Polskę. A gryf? I tak się z tobą nie spotkam, więc moja lokalizacja nic ci nie da.

Duży? Mały? Rozmiar. No tak, w szlafroku nie widać. Kamera przekłamuje. W czarnej koszulce wydaje się na mniejszy, w białej na dużo większy. I tak mi nie kupisz bielizny, więc mój rozmiar biustu nie jest Ci do niczego potrzebny. Mieści się w duuuużej dłoni. Wystarczy.

Powiem, nie mam partnera – skłamię. Będę musiała pamiętać, że skłamałam. Powiem, mam – będą dopytywać, czy to chłopak, czy narzeczony, czy na stałe, czy to sąsiad, jakiego ma wacka, czy mnie zadowala, czemu tu siedzę, skoro kogoś mam, czy wie, że tu siedzę. Jeśli powiem, że nie wiem – to znaczy, że go okłamuję, a to nie będzie mile widziane. Zostaje powiedzieć, że wie i się na to godzi. Prawda, o której nie trzeba pamiętać. Muszę pamiętać, że każda moja odpowiedź, generuje nowe pytania. Kłamać nie lubię, a nie chcę im zdradzać całej prawdy, dlatego czasem nie odpisuję na takie pytania.

Zostawcie mi moją prywatność. Ja jestem tu i teraz dla was. Wyłączę, kamerkę wracam do swojego życia bez was.

– myślę.

Ktoś kiedyś powiedział, że pracę na kamerkach trzeba traktować jako sklep. Ty sprzedajesz im swoje usługi. Oni wchodzą, kupują i wychodzą. Ty zamykasz sklep. Niestety nie zawsze to działa. Panowie lubią się przywiązywać. Chcą więcej. Wyobrażają sobie ciebie, że leżysz obok nich, że gotujesz im obiadki.

Największe obawy i zagrożenia

Czego boję się lub bałam się, transmitując na SU?

Każdy z nas ma obawy dotyczące naszej pracy. Transmitujący na SU zapewne mają ich całkiem sporo, choć z czasem nauczą się je olewać. Przedstawię Wam kilka rzeczy, których się obawiałam, włączając kamerkę i pokazując się światu na portalu erotycznym.

Rozpoznanie

Ktoś może mnie rozpoznać i wsypać. Moja rodzina nie wie o tym, że przesiaduję na kamerkach i wiem, że ta działalność mogłaby się im bardzo nie spodobać. Kto chce, aby jego córka czy siostra prezentowały swoje wdzięki na stronach z seksem? Chyba nikt.

Nagranie i Udostępnienie

Ktoś może mnie nagrać i wrzucić nagranie na portale erotyczne. Dlatego staram się zbyt daleko nie posuwać i nie pokazuję swojej twarzy. Zdarza się jednak, że pokażę coś więcej, bo mi po prostu już nie zależy. Myślę, wtedy:

No co mi zrobią?

Stalking, Groźby i Plotki

Ktoś może mnie stalkować. Nikt nie jest anonimowy. Miałam już sytuacje, że koleś wyszukał mnie na fb, po czym dodał mnie do znajomych. Trochę przerażające. Niby jaki miał punkt zaczepienia? Żaden. A mimo to jakoś mnie tam odnalazł. To, że ty nie umiesz takich rzeczy, nie znaczy, że ktoś inny nie będzie umiał. Nie chciałabym, aby ktoś mi wystawał pod drzwiami i rzucał kamieniami w okna z kartką z napisem „dziwka". Mimo iż, nie jest to w żaden sposób moja profesja, to samo odnalezienie jest przerażające, a wyzywanie i groźby to drugie.

Zostają jeszcze sąsiedzi i znajomi, którzy będą mieli temat na kolejne pół roku plotkowania.

Żal

Mogę żałować tego, co zrobiłam lub tego, czego nie zrobiłam. Przekraczanie granic bywa przyjemne, ale konsekwencje mogą być bardzo nieprzewidywalne i nieprzyjemne. Nigdy nie wiesz, czy ta transmisja nie posuwa się zbyt daleko, bądź czy ten priv nie jest zbyt intymny.

Hejt i Załamanie

Mogę się załamać. Praca na kamerkach to nie tylko przyjemne rozmowy i radosne spędzanie czasu. Mogę nie wytrzymać hejtu, obrażania, zastraszania, wyśmiewania. Jestem tylko człowiekiem, a nie maszynką do zabawy. Mam swoje gorsze i lepsze dni. Mam swoje humory i nastroje. Mam swoje emocje i swoją wrażliwość.

JAKIE SĄ PLUSY PRACY NA KAMERKACH?

Każda praca ma swoje plusy.

Może się Wam wydawać, że praca taka jak ta nie ma plusów. Co tu dużo mówić. Każda praca ma swoje złe, ale też i dobre strony. Trzeba tylko je zauważać i doceniać. To pomaga przezwyciężyć trudne chwile i pracować dalej.

Nowe znajomości

Poznawanie nowych ludzi, z których to każdy jest inny, każdy ma inne potrzeby, to największy plus przebywania na takiej stronie. Powiesz:

Same zboki tam przychodzą.

To nie tak. Każdy z nas pragnie zaspokoić swoje potrzeby. Jedni skaczą ze spadochronu, inni zakopują się na plaży, a jeszcze inni odnajdują się na takim portalu jak SU. Nadają lub oglądają. Hejtują lub bronią hejtowanych. Doświadczają nowych rzeczy. Bawią się. Każdy tutaj ma inny cel, ale o tym już wiesz.

Rozwój i doświadczenia

Doświadczanie nowych rzeczy i rozwój. Brzmi górnolotnie? Każdy dzień jest inny. Każda transmisja wyjątkowa. Każdy z tych ludzi wniesie do mojego życia coś innego. Rozwijasz się, bo ciągle eksperymentujesz.

Poznawanie siebie i wytyczanie swoich granic

Powiesz:

Ja to bym nigdy nie weszła na taki portal. Ja to bym nigdy się tam nie pokazał. Ja to bym nigdy nie pisał z nikim na takim portalu, bo tam są sami zboczeńcy.

Co zrobisz, gdy nie będziesz mieć pracy, a rachunki będą wołały o zapłacenie? Co zrobisz, gdy dziecko zachoruje i nie będzie Cię stać na leki? Co zrobisz, gdy ulegniesz wypadkowi i nie będziesz w stanie pracować? Masz alternatywę? Łatwo się mówi o czymś, co nas nie dotyczy.

Łatwo jest osądzać drugiego człowieka. Trudniej jest przywdziać jego buty i przejść kilka metrów. Okazuje się wtedy, że to, co nam się wydawało, jest nieprawdą. Jest niesłuszne. A buty są niewygodne. Kto wie, może ten drugi człowiek też chodzi w źle dobranych butach? Ale próbuje sobie radzić i stawia stopy tak, by mógł iść do przodu, nie oglądając się za siebie.

To, co masz w głowie to jedno. To jakie są Twoje bariery to drugie. To, co się wydarzy to trzecie. Nigdy nie mów nigdy, bo nie wiesz, co będzie. Nam dużo się wydaje, a rzeczywistość jest zupełnie inna.

Przełamywanie granic i lęków

Rozmowa z ludźmi to dla Ciebie stresująca sytuacja? A co dopiero pokazywanie się światu? Na kamerkach albo przełamiesz te granice, albo wpadniesz w jeszcze większy lęk. Daj sobie czas. Wszytko, się ułoży.

PODSUMOWANIE

To była piękna przygoda, ale jednak przygoda.

Nie wiem, kiedy moja przygoda z SU się zakończy. Może już się zakończyła z wyjściem na świat tej książki. A może to dopiero początek? Jedno wiem na pewno. Przygoda ta wiele nauczyła mnie o ludziach. O tym, że nigdy nie wiesz, kto kim naprawdę jest. Nigdy nie wiesz, czy ktoś Cię nie oszukuje. Nigdy nie wiesz, jak zakończy się dana znajomość. Nigdy nie wiesz, czy po drugiej stronie kamerki nie siedzi Twój ojciec.

Nigdy nie wiesz, czy ta naga pani z zakrytą twarzą to nie Twoja matka. Nigdy nie wiesz, czy ta dziewczyna w ponętnej bieliźnie to nie Twoja młodsza siostra. Wiedz jedno, jeśli Ty tam wylądowałeś, to Twoi bliscy też mogą tam dotrzeć. To nie jest tajemny portal. Tam widzą Cię wszyscy, nawet sąsiad z warzywniaka. Nie zakładaj nigdy, że dana osoba nie wchodzi na kamerki. Możesz się nieźle zdziwić.

Pamiętaj też, że przebywanie na kamerkach może działać jak uzależnienie. Chcesz dawać coraz więcej, chcesz brać coraz więcej. Ochota może nigdy się nie skończyć.

Jeśli masz słabą silną wolę albo spore problemy z własną wartością, to lepiej odpuść sobie transmitowanie na sex portalach. Ludzie przebywający tam mogą w łatwy sposób zniszczyć Cię jako człowieka. Wystarczy, że będą mieć gorszy dzień, albo nie spodoba się im Twój pieprzyk na brodzie.

Możesz uzależnić się tak mocno, że dzień i noc będziesz myśleć o tym, żeby tylko tam wejść. Żeby zarobić. Żeby porozmawiać z tym Panem albo tamtą Panią. Żeby się wyżyć.

Czy to jest warte tego wszystkiego? A czy Twoja obecna praca jest warta jej wykonywania? Czy cieszą Cię zarobki? Czy chętnie do niej wracasz? Czy doceniasz jej plusy i minusy? Czy masz ochotę ją rzucić i odejść? Kamerki to praca. I tak do tego podchodź. A będzie Ci łatwiej, gdy przyjdą problemy.

O AUTORZE

Nadja

W tym miejscu pewnie chciałbyś przeczytać jakiś ciekawy opis. Niestety Cię zaskoczę. Jestem zwykłą, młodą kobietą posuwającą się w latach z roku na rok. Nie mam zbyt wiele przygód a te, które mam i wydają się ciekawe – opisuję w tej książce. Piszę o tym, co przeżyłam. Niech moje doświadczenia nie będą dla Ciebie zachętą, lecz przestrogą, ale i nauką. Nauką, że nie warto czytać książki po okładce, ulegać stereotypom, czy bać się nieznanego. Są rzeczy, na które warto czekać, ale są też rzeczy, z którymi nie warto zwlekać. Przeczytanie tej książki należy do tej drugiej kategorii :)